LK 7.4074.

RECIT VERITABLE

des choses estranges &
prodigieuses arriuées
en l'execution de trois
Sorciers & Magiciens
deffaits en la Ville de
Lymoges, le vingt-
quatriesme d'Auril mil
six cens trente.

A BOVRDEAVX,
Par I. DV COQ, demeurant en la ruë
S. Iames, à l'enseigne du Coq.

Iouxte la coppie imprimée à Lymoges.

DISCOVRS DE TROIS

Sorciers executez à mort, en la ville de Lymoges, le 24. jour du mois d'Auril 1630.

L'Infinité des exemples que nous voyons ordinairement arriuer du Sortilege, Magie, Science noire, ou de telle autre diablerie qu'on le voudra signifier, tire desormais hors de doubte tous ceux qui y estoient, ou qui ont doubté de ces prestiges de Sathan, attribuants ces accidens aux imaginations des esprits foibles, conuulsions, spasmes, & autres sympthosmes qu'aporte auec soy le mal caduc, ou bien aux maladies melancoliques & hypocondriaques. Les Theologiens mesmes semblēt l'auoir accordé, le Canon *Episcopi* le tesmoigne. Il y en à mille autres que nous pourrions alleguer: mais l'exemple que nous voyós aujourd'huy si veritable les oste hors de

A 2

dispute, & le verifie merueilleusemét bien les opinions de Delrio, de Remigius, Bodin, & autres traictants ceste matiere, qu'il n'y à plus moyen de nier chose que l'on touche au doigt, & que l'on void deuant soy. D'ailleurs les parolles de l'Escriture sont si manifestes, voyez dans l'Exode les Magiciens de Pharao chapitre 7. 8. 9. 10. & 11. Nous reuiendrons à nostre discours de l'execution à mort qui a esté faite en la ville de Lymoges, de trois Sorciers & Magiciens, l'vn se nommoit Galleton, l'autre Iassou, & l'autre Pautier, Paysans & rustiques, âgez le plus jeune d'enuiron 60. ans, où ledit Pautier estoit habitant du village d'Erain, prés du Chasteau de Rochefort, à vne lieüe d'Aixe, distant trois lieües de Lymoges, & audit village d'Erain y à vne Mesterie & borde d'vne femme vefue appellée Ieanne Rouilhat, laquelle y faisoit sa demeure par fois, ayant en sa compagnie vn sien petit nepueu âgé de sept ans, & vne fille pour sa seruante de l'âge de dix-huict ans ou enuiron, où iceluy Pautier par sa maudite sorcellerie, enchanta si fort ce petit enfant & ceste seruante, leur donnant tel malheur que l'enfant veint tout hydropique, & ceste fille toute troublée de soy, & à certaines heures que le mal la prenoit, elle eut couru les champs d'vn costé & d'autre, si l'on ne l'eust tenuë de prés. Ceste femme voyant son nepueu & sa seruante ainsi tourmentez & affligez, se retira de sa mesterie, s'en retournant en sa maison à Lymoges, pensant donner quelque soulagement à ses oppressez, mais au contraire ils sont plus tourmentez: ceste fille lors que le mal la prend, elle fait des cris effroyables, ce qui cause que plusieurs personnes de diuerses qualitez montent dãs la chambre, & voyent ces personnes ainsi affligez. Les Reuerends Peres Recollez s'y portent par diuerses fois, & voyent ceste fille grandement tourmentée, laquelle crie tout haut qu'elle void lesdits trois Sorciers accompagnez de plusieurs Demons effroyables : & les assistans voyent jetter des pierres à diuerses fois, sans pouuoir voir d'où elles viennent. Le rapport de ce spectacle en estant venu à Messieurs de la Iustice, ils se transportent en la maison, & ayant prins l'audition de l'vn & de l'autre, ladite Ieanne Rouilhat leur declare que Galleton luy auoit dit que c'estoit Pautier qui leur auoit baillé ce malheur, lors on conclud de les apprehender au corps, comme de faict deux des Messieurs de la Iustice se portent sur les lieux, & se saisirent dudit Galleton & de Iassou, & les ayans menez dans les prisons Royalles dudit Lymoges, le lendemain l'on apprehende aussi Pautier, que l'on met aussi prisonnier. Cependant le mal ou manie ne cesse point aux affligez, mais les tourmente à certaines heures, auec tant de violence qu'il n'estoit possible quand cela les saisissoit de les diuertir de telles passions pendant que cela les tenoit, par aucune sorte de remedes, medicaméts ny artifice humain, que nous pouuons bien dire & asseurer pour auoir esté veu d'vne infinité de personnes, dignes de foy & de croyance. Nous viendrons à nos Sorciers accusez, lesquels veulent nier leur malice, mais tost aprés leur emprisonnement voicy venir des plaintes des lieux circonuoisins de leur demeure, en si grand nombre que de quarante cinq tesmoins qui deposent contre eux : la moindre plainte estoit suffisante pour les presenter à la queſtion. Neantmoins ces venerables Iuges & Magiſtrats guidez du Sainct Eſprit, voulants s'inſtruire amplement en vne matiere tant inouye & prodigieuſe, s'aſſemblent, & deliberans de les ouyr au long de leurs accuſations, les font venir l'vn aprés l'autre deuant leur Tribunal, ils y vont la teſte leuée, & bien que ce ne fut que des idiots & ruſtiques payſans, ſi eſt-ce qu'ils eſtoyent reſolus comme les plus innocens hommes de la terre, neantmoins les Eſprits eſclairez de l'aſtre de Themis, qui ont accouſtumé de tirer la verité du plus profond puits de Democrite, les interrogent par tant de diuerſes fois, qu'ils les font vaciller & varier : car Galleton qui eſtoit le plus ancien, eſtant accuſé de Magie fuſt le premier appliqué à la quſtion, ſe fait grandement preſſer, & endura pluſieurs coups de corde, juſques à tant que meſmes il s'en rompit trois ſur ſes bras : & lors qu'il eſtoit ſur le banc de la queſtion ſon Demon ſe preſente à luy, & ſe poſa ſur ſa jouë, ayant eſté relaſché. Monſieur le Rapporteur l'interroge, il declare qu'il eſt vray que c'eſt ſon Demon qui luy tient la bouche cloſe, &

qu'il se nomme *Xibert*, & voyant qu'on le menassoit de le remettre encore plus ferme à la question : & exactement interrogé il confesse tout, declare qu'ist attaint & conuaincu du crime qu'on l'accuse, dit que c'est Pautier qui a baillé le mal à ces affligez.

Iassou estant pareillement appliqué à la question, l'endura si asprement qu'il est impossible de l'expliquer, & que mesme le plus innocent du monde n'eust peu endurer : en fin luy voulant chauffer les bottes, & au premier coup de coing qu'on luy donna, il cria que l'on le relascha, ce qu'estant fait il confesse qu'il est Sorcier & qu'il a esté souuent au Sabath, qu'il y a veu Pautier : confesse auoir donné & commis plusieurs maux par sa maudite sorcellerie, & en accusa plusieurs de leur caballe, & l'on les remet dans la prison.

Le l'endemain l'on procede à l'interrogation de Pautier, lequel estant mené deuant Messieurs les Iuges ne voulut rien confesser, bien que l'on luy presente deuant luy les autres, lesquels luy maintiennent tousiours que c'est luy qui a baillé le mal aux affligez, & qu'il a esté au Sabath auec

auec eux, il nie touſiours : & l'ayant appliqué à la queſtion on la luy donne ordinaire & extraordinaire, mais tant plus on le preſſe plus il crie qu'il eſt innocent, & qu'il n'a point commis ce dont il eſt accuſé, & l'ayant long-temps tenu ſur le banc de la queſtion, voyant que pour le preſſer & l'interroger l'on ne gaignoit rien, attendu que ce maudit & miſerable Sorcier auoit ſon Demon en luy, lequel pour gaigner ſon ame luy fermoit la bouche, l'empeſchant de confeſſer ſon peché.

Pendant qu'on les interrogeoit dans la Chambre du Palais, auant de receuoir la queſtion, l'on fit venir cét enfant & ceſte fille pour leur eſtre preſenté deuant eux, & ſi toſt qu'ils y furent ils furent grandement tourmentez & oppreſſez, faiſans des ſignes & cris effroyables, declarant qu'ils voyoient pluſieurs Demons horribles tout autour deſdits Sorciers, dont l'vn d'iceux fait ſigne que c'eſt Pautier qui a baillé le mal, ce qu'ils declarent voir en la preſence de Meſſieurs les Iuges.

A yãt donc Meſſieurs les Rapporteur du Procez & Mrs les gẽs du Roy trauaillé par

B

divers iours en l'inſtruction du procez, & voyant tant de preuues & ſi grand nombre de teſmoins & depoſants contre eux, il s'en enſuiuit Sentence par la Cour Preſidiale, par laquelle ils ſont condámnez faire amande honnorable, eſtre pendus & eſtranglez chacun en vne potance, puis eſtre bruſlez, & les cendres au vent: ce qui fut executé le 24. d'Auril, preſente année 1630. Sortant du Palais l'on les conduict deuant l'Egliſe ſainct Michel, & illec tenant vn gros flambeau ardant en leurs mains, eſtant de genoüil, demander pardon tout haut, à Dieu, au Roy, & à la Iuſtice : puis on les meine hors de la Ville, tenans touſiours les flambeaux en leurs mains juſques au ſupplice, qui fut au lieu appellé le Creux des Arrennes, où il y auoit trois potances dreſſées, & vn grand bucher de bois, pour eſtre leurs corps hards & bruſlez.

Le premier qui fut executé fut Galleton, lequel mourut grandement repentant de ſes pechez, confeſſant qu'il meritoit la mort : maintient que ce qu'il a dit & declaré contient verité, meſmes ſur l'accusation de Pautier, comme fit aussi Iassou, lesquels estans tous deux grandement admonestez & exortez de dire la verité, tant par Messieurs les Iuges, que par les Reuerends Peres Recollets, qui les examinent & interrogent exactement auec si grand zele qu'ils les font porter constans à la mort, & confesser leur malice.

Pendant l'execution de Galleton & de Iassou, qui dura plus de demie heure, le Reuerend Pere Vicaire du Conuent desdits Recollets, & le Pere Benoist exortoient & admonestoient tousiours ce miserable Pautier de confesser son crime, luy faisant de belles & sainctes remonstrances pour tascher de sauuer son ame, l'incitant de dire la verité : qu'il y auoit assez de temps pour auoir grace, miseride, & mettre son ame en repos, laquelle estoit en la voye de damnation s'il mouroit dans son peché : & demeurerent les susdits Peres long temps sur l'eschelle à tousiours l'exhorter, & aussi Messieurs les Iuges, qui l'exorterent grandement, mais ce miserable & mal-heureux s'estoit donné au Diable, lequel ne le quitast iamais,

B 2

luy fermant la bouche, sçachant bien ce seducteur de Sathan que sa confession luy eusse fait perdre sa proye, voyant que l'on ne pouuoit rien tirer de luy. L'executeur de Iustice l'ayant long temps tenu sur l'eschelle, & ayant eu signal de le jetter, les Peres estans descendus, L'executeur l'ayant jetté, à peyne fut il estranglé que l'on vid de dessus son espaule droicte, proche de l'aureille, son Demon en forme d'vn moucheron de la grosseur d'vne noix, qui passant sur la potance en ciflant, trainant vne petite queüe apres luy en forme de fumée, ou L'executeur le voyāt eust comme frayeur, & cria Iesus Maria, la potance venant à trembler, ce qui fut veu par plus de deux mille personnes, & fut entendu vn murmure en l'air en forme d'vn tonnerre.

 Le petit enfant & la seruante qui assisterent tousiours pendant l'execution des Sorciers, lesquels estans proches des potances, declarent qu'ils virent six Diables qui emportoient l'ame de ce pauure obstiné, lesquels menoyent grand joye pour leur proye conquise. Voila les beaux acquets qu'a fait ce miserable en l'exercice de la Sorcelerie, voila les documens & preceptes du malin esprit qu'il apprend en son Escholle, donc le principal de cét abominable College est Sathan, sçauant veritablement n'ayant rien perdu des dons de nature.

Son A,B,C,& premier document, c'est de renier Dieu, Createur de toutes choses, blasphemer contre la tres-simple & Indiuiduë Trinité, fouler aux pieds tous les misteres de la Redemption, cracher au visage de la Mere de Dieu, & de tous le Sainčts.

Le second, abhorrer le nom de Chrestien, renoncer au Cresme, au Baptesme, aux suffrages de l'Eglise, & aux Sacrements.

Tiercement sacrifier au Diable, faire pacte auec luy l'adorer, luy rendre hommage de fidelité, adulterer auec luy, luy vouer ses enfans innocens,& le recognoistre pour son bien facteur.

Quartement, aller aux Sabbats garder les crappaux, faire poudres & graisses venefiques, poisons, paste de milet noir, gresles sorciefes, dancer auec les Démons, battre la gresle, exciter les orages, rauager les champs, perdre les fruicts, faire mourir le beſtail, meurtrir & martirer ſon prochain de mille ſortes de maladies.

Voila les fruicts plus ſuaues de ceſte abominable Magie & ſorcellerie qui à perdu non ſeulement ſes trois pauures aueuglés & ignorans Payſants & ruſtiques, mais pluſieurs autres tant hommes que femmes qu'ils ont accuſez eſtre de leur caballe, & dont il y en a de priſonniers dans les Conciergeries de Lymoges.

Ces venerables Iuges & Magiſtrats font tous les jours exacte recherche des accuſez, deſirant faire bonne Iuſtice de ceux qui ſe trouueront attains & conuaincus d'vn ſi grand crime. Comme ont fait Meſſieurs de la Chambre de l'Edict du Parlement de Bourdeaux, qui ſe tient de preſent à Bazas : leſquels en ont fait executer depuis peu quelques vns: où il y en a qui ſont d'eminente qualité, & beaucoup de priſonniers & accuſez. Nous prions Dieu qu'il veuïlle illuminer ceux qui ſont inſtruits en toutes ſortes d'herreurs, Sortileges, Magie, Atheiſmes, & Heresies : & en renonçant à Sathan & à ses complices : les rendre au giron de nostre Mere saincte Eglise, Catholique Apostolique Romaine. Ainsi soit-il.

FIN.

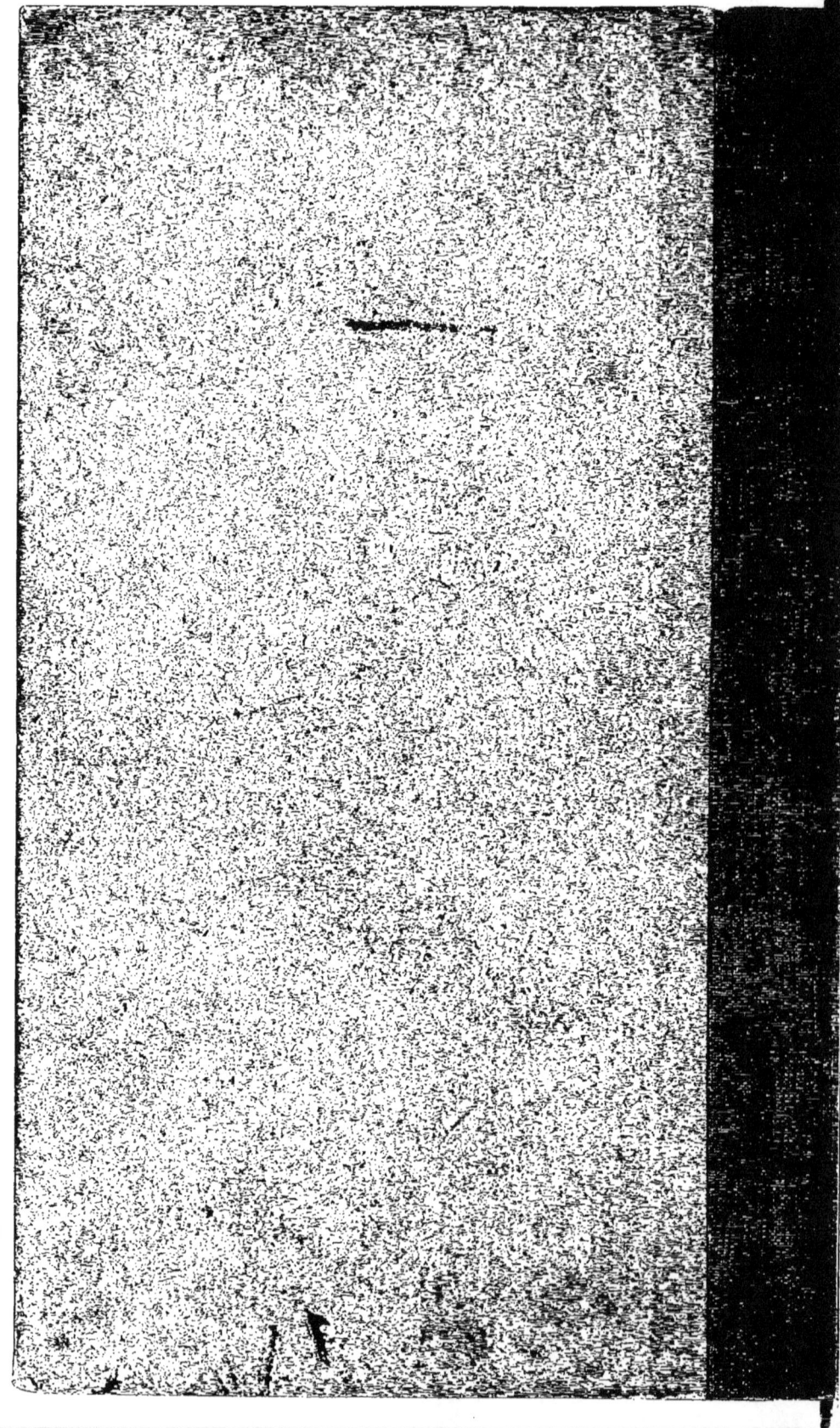

www.ingramcontent.com/pod-product-compliance
Lightning Source LLC
Chambersburg PA
CBHW060636050426
42451CB00012B/2626